흔들리는 이유

김은수 시집

도서출판 오４

흔들리는 이유

김은수
시집

지구가 한 바퀴 돌아
다시 기울어진 몸을 추스린다.

얼마나 돌고 돌아야
제정신으로 바로 설까?

뜬눈으로 지새운 별들의 밀어가
고운사孤雲寺 풍경風景 속에서
심해深海의 자유를 꿈꾸고 있지만
아직 감을 수 없는
목어木魚의 눈빛으로 또 점을 찍는다.

지금 이 자리가
삶의 중심인 것을 깨닫는다.
살아 있음에
모두가 용勇쓰고 있다는 것을

2025. 8월.

영零의 초입初入에서 심천深泉 배상.

목차

제 1부 | 흔들리는 이유理由

1. 흔들리는 이유理由 ············ 12
2. 추심秋心 ····················· 13
3. 선행善行 ···················· 14
4. 무지無知 ···················· 15
5. 내실內實 ···················· 16
6. 애화愛花 ···················· 17
7. 동행同行 ···················· 18
8. 연정戀情 ···················· 19
9. 불법승佛法僧 ················ 20
10. 순행巡行 ··················· 21
11. 추석秋夕 ··················· 22
12. 속내束內 ··················· 23
13. 광고廣告 ··················· 24

제 2부 | 생生과 사死

1. 생生과 사死 ················· 26
2. 청람淸覽 ···················· 27
3. 뭐요? ······················ 28
4. 오체투지五體投地 ············ 29

5. 순간瞬間 ···················· 30

6. 계절季節 ···················· 31

7. 증명證明 ···················· 32

8. 허실虛實 ···················· 33

9. 인욕人慾 ···················· 34

10. 미소微笑 ···················· 35

11. 자성自省 ···················· 36

12. 시안視眼 ···················· 37

13. 초심初心 ···················· 38

14. 생애生涯 ···················· 39

15. 세족洗足 ···················· 40

16. 초행初行 ···················· 41

17. 무상無想 ···················· 42

18. 정심正心 ···················· 43

19. 양심良心 ···················· 44

20. 정중동靜中動 ··············· 45

21. 값 ···················· 46

제 3부 | 고운孤雲 글 속으로

1. 고운孤雲글 ··················· 48

2. 맨발걷기 ··················· 49

3. 시작詩作 ··················· 50

4. 고운孤雲바람 ················· 51

5. 동화同化 ·················· 52

6. 성언聖言 ·················· 53

7. 품稟는다 ·················· 54

8. 성은聖恩 ·················· 55

9. 무심無心 ·················· 56

10. 하심下心 ·················· 57

11. 화해和解 ·················· 58

12. 무념無念 ·················· 59

제 4부 | 바위 거북

1. 바위 거북 ·················· 62

2. 용勇쓰다 ·················· 63

3. 니 뭐꼬! ·················· 64

4. 땡볕 ·················· 65

5. 발자취 ·················· 66

6. 뿌리 나무 ·················· 67

7. 그늘 ·················· 68

8. 끄트머리 ·················· 69

9. 은행장銀行葬 ·················· 70

10. 시화전詩畫展 ·················· 71

11. 응? ························· 72

12. 주왕산 일주문一柱門 ······ 73

13. 죽림竹林 ················ 74

14. 팔괘八卦 ················ 75

15. 교훈教訓 ················ 76

16. 그네 ·················· 77

17. 인사人事 ················ 78

18. 기도祈禱 ················ 79

19. 만족滿足 ················ 80

20. 절로 가는 길 ············ 81

· 의미시해설 ················ 86

· 서평 ··················· 98

예순여섯 날

66개의 이야기

제1부

흔들리는 이유理由

흔들리는 이유理由

추심秋心

선행善行

무지無知

내실內實

애화愛花

동행同行

연정戀情

불법승佛法僧

순행巡行

추석秋夕

속내束內

광고廣告

11

흔들리는 이유理由

나뭇잎이 날리는 것이
바람 때문이 아니다
겹겹이 묻은 때
온몸으로 털어내고 있다

추심秋心

떡갈나무 옹이 속에
잘 익은 가을
주고, 주고 또 주고

선행善行

갈참나무 보시하는 날
천년바위 하는 말
꿀밤 맞을까 묵언이라네

무지 無知

큰소리친다.
천년 노송은 말이 없는데
가지마다 소리치는 청 이끼

내실內實

시인이 되려면
가을이 되어라

애화愛花

봄부터 바쁘다
여름 다 지나가도
벌개미취 그리움으로 서있다

동행同行

미워합니다.
단풍 고운길에
날 선 바람 있음을

연정戀情

차창 두드리는 가랑잎
발그레 수줍은 한마디
차 한잔하고 가세요

불법승佛法僧

불은 가을을 태우고
법은 바람을 잡는데
승은 마냥 첫눈 오기만 기다린다

순행巡行

노을이 젖은 길모퉁이에서
귀 기울이는 돌탑
볼 붉히던 떡갈잎이 뚝

추석秋夕

살이 찐다
가을바람에 들녘이
감나무 가지가 휘청거린다

속내 東內

청솔가지에 앉은 이슬은
노송의 미소로 빛이 나고
가을 단풍 속내는 노을빛에 푼다

광고廣告

가을이 모자를 쓰면
눈요기하는 사람들
단풍 물들어 달다

제 2부

생生과 사死

생生과 사死

청람淸覽

뭐요?

오체투지五體投地

순간瞬間

계절季節

인사人事

증명證明

허실虛實

인욕人慾

미소微笑

자성自省

시안視眼

초심初心

생애生涯

세심洗心

초행初行

무상無想

정심正心

양심良心

정중동靜中動

값

생生과 사死

힘들 때
도저히 견딜 수 없을 때
두 눈을 꼬옥 감고 생각한다

청람淸覽

가을 낙엽은 가는 정이고
가랑비는
그리운 속맘 읽는 중이다

뭐요?

겨울은 돌아보는 철길이다
그래서, 뭐요?

오체투지 五體投地

맨발로 걷는다
온몸으로 느낀다

순간瞬間

현재現在는 없다
찰나는
미래未來의 시작점始作点이다.

계절 季節

가을을 보내는 것은
맘 하나
기러기 따라 날아가는 일이다

증명證明

앞산 노을이 붉게 보이는 것은
내가 살아있다는 증거證據이다.

허실虛實

등짐은 질수록 무겁고
마음의 짐은 질수록 가벼워진다
모든 짐은 내가 만들고 버린다

인욕人慾

삶은 무거운 것이 아니라
욕심이 많은 것이다.

미소微笑

해를 보고 웃으면, 오늘이 기쁜 사람이고
별을 보고 미소 지으면, 내일이 행복한 사람이다.

자성 自省

추심에 가을볕이 길다
들녘 이삭이 제 모습을 본다

시안視眼

색안경 쓴 사람
색다른 세상 속에서
하늘도 색이 든다

초심初心

눈에 보이는 것이 다인 줄만 알았다
하얗게 하얗게 쌓인 눈 녹으면
그때
멍든 잎을 세우는 꽃을 본다

생애生涯

꽃들 숨 쉬고 노래한다.
사랑하기에

세족洗足

아침에 신을 신는다
저녁에 신을 벗는다
발을 씻고 신을 씻는다

초행 初行

낮선 사람이 길을 묻는다
맨 처음
나처럼

무상無想

쩍 소리에
가을 테 두르고
모른 척
이끼로 귀를 막는 노송

정심正心

길은 그냥 걸어가는 것이 아니라
보물찾기하듯 찾아가는 일이다

양심良心

손바닥에 나를 숨겨도
가을밤
초승 달빛은 피할 수 없다

정중동 靜中動

낙타와 거북이가 천천히 걷는다
그러나
발바닥은 바쁘게 살핀다
한 걸음 한 걸음

값

세상은 모두가 공짜다
그러나
세상사는 공짜가 없다

제 3부

고운孤雲 글 속으로

고운孤雲 글

맨발걷기

시작詩作

고운孤雲바람

동화同化

성언聖言

품稟는다

성은聖恩

무심無心

하심下心

화해和解

무념無念

고운孤雲 글

글을 듣는다
고운사 천년 숲길에
고운이 풀어놓는 말

맨발걷기

발가락이 쫑긋
고운사 가는 길
고운 선생 오체투지 설하네

시작詩作

고운사 뜨락 햇살이
가을 잎을 쓸어 담는다
쉬쉬 바람으로 쓴다

고운孤雲 바람

고운사 천년 숲에 갈바람 든다
불심으로 물이 든다
놀란 가슴 쓸어내리는 고운 선생님

동화同化

고운사 등운산 자락에
고운 맘 내려앉으니
가을날 구름 한 점도
갈 길을 잃는다

성언聖言

고운사 찾은 사람아
고운 선생 만나려거든
눈과 귀로 보려 말고
마음의 창을 열게나

품稟는다

고운사 새벽 예불에
귀를 세운 숲이
법을 품는다

성은聖恩

눈으로 오셨네요
세상 사람 모르게
칼바람 들고 오셨네요
세속의 때 베어내시려고요

무심無心

올라가야 된다는 한마디에
노송은 바람길 열어 보인다
목어의 눈에 비친 낙엽을

하심下心

고운사 풍경소리 천년 숲에 가득한데
귀여는 이 없고
감춘 발가락만 묵은 때를 씻고 있다

화해 和解

시월 노을이 짙게 흘러
등운산 골짝마다
고운 물길 내고 있다

무념無念

돌고 돌아간다
고운님 따라
학 타고 색을 지운다

제 4부

바위 거북

바위 거북

용勇쓰다

니 뭐꼬!

땡볕

발자취

뿌리 나무

그늘

끄트머리

은행장銀行葬

시화전詩畫展

응?

주왕산 일주문一柱門

죽림竹林

팔괘八卦

교훈教訓

그네

인사人事

기도祈禱

만족滿足

절로 가는 길

바위 거북

거북스러운 몸,
바위로 산다.

용勇쓰다

악

악

어.

니 뭐꼬!

숲속에서 처음 하는 말
니 뭐꼬!

땡볕

파라솔이 햇살을 막아선다.
그럼,
뜨거운 바람으로 오는 여름은

발자취

똑같은 크기로
닮는다

고운 흔적에 스며든다.

뿌리 나무

가지가지 한다
뿌리 뿌린 대로 잎이 난다.

그늘

나무가 가린 손
차마 펴지 못한 손
그림자로 잰다

끄트머리

하늘에 매인 실
나무를 짜고, 풀이 되고, 답을 낸다

은행장銀行葬

잎은 부채로 떨어지고
알은 목에 걸렸다

시화전詩畫展

읽고 읽는다
걸음걸음 오르는 고운 선생님

응?

쥘 것도 없어 다문 손
바람이 친다
보고 가라고

주왕산 일주문―柱門

밤새 가린 몸,
뼈만 남았다

죽림竹林

어둡던 날
죽 써먹던 기억
돌아본 곧은 길

팔괘八卦

돌고 도는 길
건너지 못하는 지도
내려다보는 고운 선생.

교훈教訓

인간이 겪은 고통의 눈물이
소금에 절여 하얀 모래톱을
쌓고 또 쌓는다

그네

산과 들이 흔들흔들
구름 속, 해와 달이 웃는 소리
봄여름가을겨울 바램 바람

인사人事

아침 인사는 오늘 핀 꽃의 미소媚笑이고
저녁 인사는 내일 또 핀다는 약속約束이다.

기도祈禱

전남 강진은 고려의 오랜 꿈
해도海島는 하늘길
도공의 손끝은 푸른 하늘빛

만족滿足

손끝 하나 품은 당신
몸과 마음 몽땅

절로 가는 길

무심한 구름 이리저리
저절로 절로 가는 중

하루라는 이름, 그 이름값을 묻는다

66 앞에서 펑펑 운다.

울어서 돌아온다면 울기만 하겠다.

돌아온다는 말, 또 보자는 말, 언제 돌아온다는 말, 너를 기다린다는 말을 듣고 싶다. 누구라는 방에는 잘 다듬어진 그가 있고, 하다만 일과 아쉬움이 있고, 못다 한 사연이 있다. 차마 이루지 못한 이름, 그것이 후회와 미련, 아쉬움과 연민이라면 이제는 지금 당장 버려야 한다. 버린다는 것은, 지운다는 말이 아니라 기억의 창고에 잘 보관한다는 말이다. 그렇게 인간사 예순여섯 해가 흘러갔다. 오늘은 하루라는 이름, 그 이름에 값을 매겨본다. 다시는 후회의 눈물을 흘리지 않기 위해서.

'의미 디카시' 예순여섯 편을 쓴다.

의미시意味詩는 말 그대로 음운, 단어, 문장, 즉 행, 연, 한 편의 시에서 느껴지는 문자언어가 독자의 뇌로 전달되어 한 폭의 그림으로, 한 곡의 노래로, 한 작의 조각으로, 그렇게 잘 지어진 집이 아름답고 감동적이고, 마음에 전율을 일으키게 만들어야 하며, 삶과 인생과 우주와 자연과 무형의 깨달음을 참다운 진리로 독자에게 다가가야 한다. 이러한 시작의 차원은 4차원이라 말하고 싶다. 총 66편의 시를 4부로 나누어 시작과 끝, 동기와 배경에서 진리에 접근한 울림을 말하고자 한다. 이것은 의미시의 핵심이고, 김은수 시인이 추구하는 4차원의 시작법이다.

하루, **흔들리는 이유**理由

인간은 태어나 살아가는 일을 순탄하다고만 하지 않는다. 그래서 바람이란 이름의 핑계를 대면서 살아간다. 나무는 나뭇잎으로 바람과 맞닿아 살지만 때가 되어 떨어지면서 바람을 원망하지 않는다. 오히려 때 묻은 자신을 털어내 주는 고마움으로 바람을 맞이한다. 인생의 바람도 남을 위해, 2세를 위해, 자연을 위해 나의 때를 씻겨줌을 감사해야 할 일이다.

이틀, **추심**秋心

'잘 익은 가을'은 그냥 오지 않는다. 비바람의 폭풍우와 뜨거운 햇살을 견딘 결실이다. 그 열매가 아픔과 눈물의 결정체인 옹이가 아닐 수 없다. 인간의 욕망과 반대로 자연은 '주고, 주고 또 주고' 진리의 말씀과 같이 줌으로해서 보다 커다란 행복을 누린다.

사흘, **선행**善行

'갈참나무 보시하는 날' 다람쥐, 사람에게 보시하는 갈참나무. 그날은 하늘도 맑고, 높다. 그 마음 존중하는 천년바위는 자신보다 낫다는 깨달음을 본다. 천년을 살았음에도 부족함을 아는 바위의 진리는 '묵언'이다.

나흘, **무지**無知

오늘도 푸른 몸을 자랑하는 이끼. 노송의 '가지마다' 걸터앉아 청춘을 자랑한다. 이끼는 늘 푸르고 즐겁다. 그 푸른 자연에 노송은 온몸으로 자리 내어준다. 천년의 묵언 수행을 한다.

닷새, **내실**內實

'시인이 되려면' 내면을 닦아야 한다. 그럼, 내면을 닦는 일은 어떻게 일어나며, 일으켜 세워야 하는가? 어둠이 있어 밝음이 있듯이 힘든 오늘이 모여 편한 내일을 맞게 되는 것을 깨달아야 한다. ‘가을’은 뿌리를 살찌우는 시간이다. 나누고 배려하는 동안 자신의 내면이 채워짐을 알 수 있다. 우리도 누군가에게 바라기 전에 상대를 위해 무엇을 해줄 것인가를 고민한다면 내실이 충만 될 것이다.

엿새, **애화**愛花

‘봄’은 찰나의 시간 단위와 같다. 그 짧은 시공간에 여름이 끼어들고, 어느덧 가을을 앞두고 있다. 보랏빛 그리움으로 선 여인의 묵묵한 미소가 시공을 초월하고 있다. 그래서 ‘애화’는 영원히 가슴 속에 피어있는가 보다.

이레, **동행**同行

함께 간다는 말은 추상적 이미지다. 길을 가면서 어찌 좋은 것만 볼 수 있을까. 노을이 지는 인생사에 고운 단풍만 들 수 있다면 얼마나 좋을까. 하지만 세상은 공평한 것. 아무리 잘 물든 잎이라도 바람에 떨어질 수밖에 없지 않은가. 그 또한 봄을 기다리며 겨울을 견디는 움의 속성이 아닌가. 동행은 언제나 공평함을 깨닫는 일이다.

여드레, **연정**戀情

‘차창’을 두드리는 ‘가랑잎’이 있어 좋다. 그래서 가을 여행길이 행복한가 보다. ‘수줍은 한마디’에 차를 세우고, 주변을 돌아보는 시간. ‘차 한잔하고’ 바라보는 갈 길이 더욱 붉게만 익어가는 까닭은 무엇일까.

아흐레, **불법승**佛法僧

‘불’은 가을을 태워 인간을 정화 시키고, ‘법’은 울타리로 바람막이를 치고 인간을 보호한다. 하지만 그 바람은 겨울의 장벽에 금을 내고, ‘승’의 마음을 흔들어 놓는다. 참다운 구도의

길이 '용맹정진'일 뿐. 불법이 아무리 길을 내어도 '승'이 행하지 않으면 무용이 될 것이다.

열흘, **순행**巡行

평안을 기원하는 '돌탑'의 하루는 길기만 하다. 즐거움보다 슬픔을 더 쌓는다. 번뇌와 절망이 닥쳐야 찾아오는 탑. 놀람과 당연함을 아는 떡갈잎은 자신의 일부를 '뚝' 잘라 내준다. 그것이 힘들어도 참는 이유인 듯, 고개 숙이며 말한다. 봄이 오면 싹이 돋는다고.

열하루, **추석**秋夕

가을 저녁은 '살이 찐다' 아니 살찐 저녁이 동실동실 밤하늘에 걸렸다. 쩍 갈라질 것 같은 감나무 가지는 만추의 기쁨인 농부의 마음이다. 열매는 여름날 흘린 땀과 노동의 값이다.

열이틀, **속내**束內

사시사철 푸른 '노송의 미소'는 해맑은 이슬을 품고 산다. 혼자서 고마움을 드러내는 소나무. 그러나 붉게 물든 가을 잎은 잠깐의 황홀감에 빠져 속내를 드러낸다. 노을이 예쁘다고, 노을빛이 행복하다고 말한다.

열사흘, **광고**廣告

가을이 오색 '모자를 쓰면' 숨 가쁘게 달리던 사람들이 멈춰서서 '눈요기' 한다. 그들의 눈에는 붉게 익은 열매의 달콤함에 현혹되고 '광고'는 계속된다.

열나흘, **생**生**과 사**死

사람은 즐겁거나 힘들 때 잠을 설친다. 뇌리에 잠재된 기억의 이미지는 무의식중에도 작용하여 편히 잠들지 못하게 한다. 기뻐도 잠시 내려놓고, 슬퍼도 조금은 안정을 찾도록 노력해야 한다. 공자의 손자 자사의 중용과 아리스토텔레스의 중용은 인간 사회의 지침과 같다. 모든 일에 맞닿아 슬기롭게 대처할 수 있는 진리임을 안다. 여기서 작자는 한 예를 통해 중용을 말하고자 한다. 정말 죽음보다 참기 힘든 상황에서 눈을 감으라 한다. 그리고 자신의 정신과 육체의 유무를 결정한다면 눈을 뜨는 현명한 판단에 이르리라고 말하고 있다.

열닷새, **청람**淸覽

'가을 낙엽'은 시간의 이야기 책이라 하겠다. '가랑비는' 이야기 책 속의 주인공이 되어 '가을 낙엽'을 읽는 중이다. 왜라고 물으며 서로의 속 마음을 알아가는 중이다.

열엿새, **뭐요?**

'겨울'은 아픔이고, 고난과 슬픔이며, 아쉽고 눈물 나게 하는 인고의 계절이라고 생각하기 쉽다. 또 한편 멈춘다는 일이 충전의 의미가 담겨있음을 안다. 그리고 뒤돌아보는 지혜를 갖게도 한다. '그래서 뭐요' 되돌릴 수 없는데 어쩌란 말인가. '가을 밤'이 긴 것은 이러한 연유인가 보다. 돌아보고, 후회하고, 되씹어보고, 눈물도 지으면서 아침을 기다리는 것은 다시 시작하겠다는 말이다.

열이레, **오체투지**五體投地

두 무릎 꿇고, 두 손을 땅에 대고, 이마를 땅에 댄다는 말이다. 땅과 하나가 되어 서 있는 모든 삼라만상을 떠받고 산다는 말이다. 나의 자만심이 '맨발'과 함께 한다면 모두가 소중하고 귀함을 느낄 수 있다.

열여드레, **순간**瞬間

진리는 끊임없이 변한다. 따라서 세상과 인간도 변해야 한다. 지

금의 나는 늘 과거에 속하며, 시작은 미래란 인식을 잊어서는 안
된다. 그래서 긍정과 낙천적 사고만이 희망과 유토피아를 만들어
내는 것이다.

열아흐레, **계절**季節

계절은 늘 자신을 변화시키면서 또 다른 이상의 나라를 만들어
놓는다. '가을'을 사색의 계절이라고 하는 것은 자신을 자각하
게 만드는 여로의 정점이라 생각하기 때문이다. 생각하기에 말을
줄이고, 사고의 늪에서 올바른 판단을 자아내는 것이다. 잠시 떠
나갔다가 되돌아온다는 '기러기'의 속내다.

스무래, **증명**證明

대부분의 사람은 눈에 보이는 것에 현혹된다. 자신의 주관과 정
체성을 만들어 살아가면서 자신만의 판단으로 모든 일을 결정짓
는다. 그래서 때로는 잘못 판단하는 경향이 있다. 저녁노을을 보
면서 하루가 진다고 말하는 것은, 하루를 잘 살아냈다는 자성의
작은 진리를 깨닫지 못함이라 해야 할 것이다.

스무하루, **허실**虛實

인간의 3욕, 즉 돈과 명예와 권력이 때로는 짐이 될 수 있다. 갖
기까지 모르던 무거움을 갖고서야 깨닫는다. 그래서 대부분 사람
은 혼란과 갈등과 회의의 늪에 빠지기 쉽다. 지혜의 방에는 치유
의 처방이 있다. 마음의 소리에 귀를 열면 된다. 자성의 문을 열
고 들여다보면 몸도 마음도 가벼워진다.

스무이틀, **인욕**人慾

인간의 욕망인 '인욕'은 많이 갖을수록 무겁다. 이것을 깨닫는
사람은 조금씩 내려놓는 법을 배운다. 만족의 그릇에서 욕심을
내려놓으면 몇 배가 되어 돌아오는 행복의 맛을 느낄 수 있다.

스무사흘, **미소**微笑

우주의 낮과 밤은 인간에게 해와 달로 구분짓게 한다. 아침 '해'가 삶의 기쁨인 사람은 보람된 하루를 살게 될 것이고, 저녁의 '달'을 보고 웃는 사람은 충만한 내일의 행복을 꿈꾸는 사람이라 하겠다.

스무나흘, **자성**自省

'추심'은 텅빈 마음을 채우는 무형의 기쁨이다. 자신의 기쁨은 오래가고, 타인을 향한 측은지심도 갖게 된다. 자아 성찰한 '들녘 이삭'이 고개를 숙이는 것은 타인을 향한 연민의 표출이 아닐 수 없다.

스무닷새, **시안**視眼

보이는 대고 믿고 생각하고, 행하는 인간본성. 자신의 주관이 강할수록 더 견고한 색안경을 끼고 있다고 하는 것이 맞을 것이다. 언제나 변함없는 하늘도 보는 사람의 색에 따라 형형색색 바뀔 것이다. 산다는 일이 이토록 한 우물 안에서 세상 주인 행세하는 개구리라는 걸 알면 좋겠다.

스무엿새, **초심**初心

'보이는 것이 다인 줄' 알고 산다. 흰 눈처럼 한순간 모든 죄가 사라지길 바라면서 산다. 그러나 눈은 봄이 되면 녹는다. 한동안 가려졌던 얼룩진 시간의 흔적을 본다. 그리고 침묵의 새싹이 움트는 것을 본다. 내가 볼 수 있는 것에서 보이지 않는 진리를 예측할 수 있는 선견지명을 갖고 기다려야 한다. 이 세상 처음 볼 때처럼.

스무이레, **생애**生涯

살아 있음에 우리는 사랑하고, 사랑을 받으며 산다. 사랑은 꽃과 같다. 정성껏 돌보면 더 아름답고, 향기로운 꽃송이를 맺는다. 향기는 기쁨이고, 행복이다. 그래서 살아있음에 춤추고, 노래할 일이다. 사는 동안 사랑할 일이다.

스무여드레, **세족**洗足

'발'은 한곳에 머물지 않고 늘 새로운 곳을 찾아간다. 그래서 발을 매일 씻어야 하는가 보다. 시시때때로 변하는 세상사에 적응해야 하는 '발', 그 발을 보호하는 신발은 깨끗이 씻어두어야 한다. 내일은 더 멋지고, 아름다운 세상을 만나게 될 테니까.

스무아흐레, **초행**初行

길을 가다보면 '길을 묻는' 사람이 있다. 먼저 온 사람이 익숙한 것처럼 우리는 초행길이 어색하다. 그래서 나에게 묻는 사람을 만났다. 친절하게 대해야 한다. '맨 처음/ 나처럼' 더듬대며 걷고 있다. 설레기도 하고, 두렵기도 한 길.

서른, **무상**無想

'쩍' 소리에 한 해가 간다. 이미 익숙한 노송이 '가을'을 맞이한다. 노송은 나이테 하나 껴입는 일이 귀찮을 수 있겠다. 하지만 '모른 척' 젊어 보이는 이끼에게 자리를 내준다. 아무 일도 없는 듯이.

서른 하루, **정심**正心

'정심'은 바르게 살기다. 그래서 교육을 통해 주입된 윤리에 모든 언행을 맞추려 한다. 하지만 배운 것만 옳은 것일까. 그것이 습관이 되고, 고정관념이 되고, 또 다른 진리의 샘물은 맛볼 생각조차 않고 산다. '정심'은 무한의 진리에 도전하는 시인의 몫이다. 보이지 않는 보물섬을 찾아 떠나는 사람이다.

서른 이틀, **양심**良心

손바닥이 모든 삼라만상을 가리기도 하지만 '가을밤' 긴긴 자각으로 오는 진정심을 피할 수는 없을 것이다. 보름달은 밝아서 손으로 눈을 가려야 되지만, 실낱같은 초승달은 가리지 않아도 제모습을 보여주고 있다. 마음속에 자리한 흑심이 아무리 커도, '양심'을 가릴 수 없음을 깨닫는 순간이다.

서른 사흘, 정중동靜中動

'천천히 걷는다'고 멈춰있다고 하지 마라. 자신을 보고, 앞을 보면서 걷는 길이다. '낙타와 거북'은 절대 서두르지 않는다. 내면의 자각과 성찰은 겉으로 나타내는 것이 아니다. 그렇게 백리를 한 걸음으로 내딛고 있음을 알아야 한다.

서른 나흘, 값

태초에 '세상은 모두가 공짜'였을 것이다. 하지만 시간의 생성물이 자각하게 되고, '공짜가 없'어졌다. 서로가 값의 이름을 매기면서 차등의 문화가 형성되었을 것이다. 우열과 빈부와 계급이 생존의 법칙으로 존재한다. 하지만 값은 매기고 매겨질수록 그 가치를 잃어간다는 진리를 깨달아야 한다.

서른 닷새, 고운孤雲글

의성 최치원 문학관에는 '고운 선생'의 음성이 들린다. 외롭고 고독한 시간 속에 묵시록을 적던 묵언의 하소연이 들려온다. 먼 먼 타향에서 유불선 진리의 맥을 놓지 않고 살았다. 고운사 천년 노송이 들려주는 사색의 깨달음이 전해진다. 인간사 진흙탕물에서도 고고하게 지켜온 고운 글귀가 조용히 귀를 간질인다. 지혜의 샘물을 마시고 있다.

서른 엿새, 맨발걷기

'천년 숲길 맨발 걷기 행사'에 전국의 여행객들이 신발을 벗고, 건강을 생각하며 걷는다. 천년의 세월을 묵묵히 전해주는 '고운사'. 고운 선생이 설법을 설하고 있다. 맨발로 걷는 일이 '발가락 다섯'이 오체임을 솔바람으로 새겨넣는다.

서른 이레, **시작詩作**

초겨울 '고운사 뜨락'에 햇살 한 줌 앉는다. 대웅전 주지 스님 염불 소리에 볼이 붉은 가랑잎. 갈바람 휘돌아 가며 글을 쓴다. 고운 시문에 등운산은 점점 더 푸르러만 가는데.

서른 여드레, **고운孤雲 바람**

'고운사 천년 숲에' 가을바람이 든다. 수줍은 동자승의 볼이 붉어지고, 자비로운 미륵보살 '불심' 일러 준다. 바람든 고운의 숲에 인욕이 스밀까 슬쩍 고심하는 고운 선생. 고운 바람 달래고 있다.

서른 아흐레, **동화同化**

'고운사 등운산 자락'마다 선생의 선심이 서려 있다. 새벽 안개 사이로 염불 소리 들리면 지나던 구름조차 갈 길 잃는다. 구름 깃 타고 간 님의 모습 엿보는 날. 두둥실 떠 있는 마음과 마음.

마흔, **성언聖言**

성인의 말씀 따라 '고운사 찾은 사람아' 고운 선생 뜻을 듣고 싶으면 귀를 막고 눈을 감아라. 그리고 마음의 문을 열어 고운 진리에 물이 들어라. 천년의 땅에 엎디어 들어라.

마흔 하루, **품棄는다**

'고운사 새벽 예불' '귀를 세'워 듣는 '숲'이 술렁댄다. 속세의 바람이 불어와 유혹하는 새벽. 그래도 염불은 끊이지 않고, 자비의 법을 품는 솔가지. 바람을 품는다.

마흔 이틀, **성은聖恩**

희노애락이 잠든 세상을 하얗게 지웠다. 그렇게 성령의 손길이 사랑을 가르친다. 매서운 얼음의 칼날을 숨겨 지워버렸다. 그리고 사랑의 불로 어둠의 죄를 깨끗이 태워 재만 남긴다. 하얀 어둠의 세상이다.

마흔 사흘, **무심**無心

아무도 모른다. '올라 가야 된다는' 욕망의 계단은 언제 허물어질지 모른다는 것을. '노송'은 세월의 물길을 막을 수 없다는 걸 안다. 산사의 처마에서 윤회의 가르침을 듣는 '목어의 눈', 뚝뚝 떨어지는 낙엽을 세고 센다.

마흔 나흘, **하심**下心

'고운사 풍경'이 운다. 아니 법문을 따라 하고 있다. 수많은 중생은 귀를 닫고, 신발 속 '감춘 발가락만' 머리 조아려 '묵은 때를 씻고 있다'고 한다. 그래서 자비를 비는 이는 눈으로 볼 수가 없는가 보다.

마흔 닷새, **화해**和解

늦은 가을 '등운산' 자락마다 노을이 붉다. 고운 선생의 젊은 꿈도 되살아 나 골골이 문이 열리고, 인간 세상 밝혀 주는 '천년의 뜻' 뜨겁게 스며든다.

마흔 엿새, **무념**無念

'돌고 돌아' 천년의 꿈 끝없이 이어진다. '고운님 따라' 현세를 바꿔보려는 꿈. 아무도 몰라도 돼, 그냥 행하면 돼. 훌쩍 학을 타고 사라지듯 색을 내지않으면 돼. 있어도 없는 듯, 없어도 무심한, 그냥 있어도 없는 나.

마흔 이레, **바위 거북**

묵묵히 걷는다. 바쁠수록 쉬어간다. 거북은 천년을 하루로 보고,

하루를 천년으로 걷는다. 차라리 ‘바위’가 된 거북. 바쁜 일도 없다. 그냥 묵묵히 생각에 잠겨 하루를 보낸다.

마흔 여드레, **용勇쓰다**

‘용’을 쓴다. 먹이를 찾아서 입을 크게 벌리고, 이리저리 꼬리를 치며 간다. 자연의 법칙에 순응하는 동물에게서 우리는 소리를 지른다. ‘악’ ‘악’ ‘어’라고.

마흔 아흐레, **니 뭐꼬!**

‘니 뭐꼬!’ 아이는 색안경을 끼고 본다. 누가 색을 넣었을까? 색안경으로 볼 수밖에 없는 현실을 어떻게 설명해야 하나? 아무것도 모르는 무색의 눈으로 바라볼 세상은 어디에도 없다. 왜? 있는 그대로 보면 안 될까? 괜히 미안하다.

쉰, **땡볕**

‘땡볕’을 막아선 ‘파라솔’. 고맙기 그지없다. 정작 걱정은 ‘뜨거운 바람’이다. 여름을 가릴 수 없다면 그냥, 방콕의 여름을 즐기면 될 일이다.

쉰 하루, **발자취**

밤사이 최치원 문학관에 누군가 ‘발자취’를 남겼다. 따라오라는 말. 말없이 ‘고운 흔적’을 따라간다. 싸늘한 천년의 흔적을 따라 마음을 연다.

쉰 이틀, **뿌리 나무**

‘뿌리’가 ‘나무’가 되어 잎을 냈다. ‘가지가지 한다’ 그래서 ‘뿌리’ 심은 데 뿌리가 줄기가 되어 ‘뿌리 나무’로 자란다. 왕버들 ‘뿌리 나무’ 진리를 설한다.

쉰 사흘, **그늘**

나무는 ‘그늘’을 만들어 나를 가려주고, 자신의 가지는 펴지 못한다. 그냥 해를 향해 손을 낼뿐. 그 자리에서 그림자로 나를 가려준다. 그림자로 키를 재고 있다.

쉰나흘, **끄트머리**

'하늘에 매인 실' 같은 물줄기 아래로 실을 푼다. '끄트머리' 잡고 '나무를 짜고, 풀이 되'기도 하면서 '답을 낸다' 아래로 실을 푸는 이유는 위로 오를수록 실 끝은 아래를 돌봐야 한다고 '답'을 낸다.

쉰 닷새, **은행장**銀行長

'은행장'은 가을이 되면 부채 잎을 다 내준다. 그리로 가지목은 알이 걸려 말라간다. 풍장을 닮아 간다. 냄새가 등천이다.

쉰 엿새, **시화전**詩畫展

최치원 문학관 문화제 '시화전' 날. 줄줄이 고운 시가 걸렸다. 구름 타고 내려와 시를 '읽고 읽는다' 그림자 계단 오르며 활짝 웃는다.

쉰 이레, **응?**

텅 빈 초원에 우뚝 선 참나무. 아무도 아무것도 '쥘 것도 없'다. 그래서 움켜쥔 듯 가지를 움츠린다. 가을바람이 치고 간다. 아니 지나가는 바람의 등을 친다. 나 좀 '보고 가라고'. 친구가 되자고, 쉬어가라고 '응?'.

쉰 여드레, **주왕산 일주문**一柱門

'밤새' 안개로 '가린 몸' 아침 햇살에 부스스 제 몸을 낸다. 주왕산 속내를 알려면 '일주문'을 통과 해야만 된다. 밤새 홍역을 겪은 주왕산 '뼈'대가 앙상하다.

쉰 아흐레, **죽림**竹林

'어둡던' 어린 시절. 날마다 '죽 써먹던 기억'이 선명하다.

먼 길 와서 '돌아본' 길에는 내 아버지의 '곧은 길'이 보인다. 청 푸른 꿈을 곧게 하라던 대쪽 같은 말씀이 들린다.

예순, **팔괘**八卦

'돌고 도는 길'에는 '건너지 못하는 지도' 한 장 놓여있고, 그것을 '내려다보는 고운 선생'의 유불선이 보인다. 떼려야 뗄 수 없는 운명이, 번뇌가, 허공을 채운다.

예순 하루, **교훈**敎訓

'인간이 겪은 고통의 눈물이' 아래로 흘러 흘러 와 햇살에 마르면, 하얀 '소금'이 되어 '모래톱'이 된다. 바위가 부딪고 깨져 작은 모래가 되어 여울목에 걸리면, 톱이 된다. 인간사 흐르고 흘러 와 자꾸 '쌓고 또 쌓는다' 태초부터.

예순 이틀, **그네**

그네를 탄다. '산과 들이 흔들흔들 / 구름 속, 해와 달이' 내려와 앉아 바람 보고 '웃는 소리' 들려오고, '봄여름가을겨울 바램 바람' 하고 놀려댄다. 쉬어가라 자리를 내 준다.

예순 사흘, **인사**人事

'인사'는 살아 있음을 뜻한다. 그래서 '아침 인사'는 기쁨과 환희의 표현이고, '저녁 인사'는 긍정의 시간 속에서 미래를 꿈꾸는 행복의 약속이라 말하고 싶다.

예순 나흘, **기도**祈禱

'전남 강진' 앞바다에는 '고려의 오랜 꿈'이 환하다. '해도海島는 하늘'로 가는 '길' '도공의 손끝'이 물레를 돌리면 '푸른 하늘빛' 청자가 오묘하게 익는다. 다릿발 노을에 손 모아 기도한다.

예순 닷새, **만족**滿足

‘손끝 하나’로도 좋다. 마음 한아름 ‘품은 당신’ 때문에 ‘몸과 마음 몽땅’ 뜬구름이어라. 온몸으로 느끼는 빛의 에너지 가득하다.

예순 엿새, **절로 가는 길**

‘무심한 구름’으로 ‘이리저리’ 떠돌고 가노라면, 절로 ‘저절로’ 찾아가는 곳. ‘절로 가는 중’이다. 찾을수록 보이지 않는 빈자리, 갖을수록 ‘절로 가는 중’이다.

어느 날, 하늘이 보이고, 땅이 보이고, 그사이 인간사가 보인다. 보려고 애를 쓸 때는 안 보이던 것이, 하나둘 눈앞에 보인다. 천성이 동물인지라 감정도 많다. 생각이 깊어 만물의 영장이라 이름도 지었다. 그래 얼마짜리의 삶인가, 값을 매기는 경매장에서 나의 가격표가 달린다. 버리고 버려도 다 내려놓을 수 없는 꼬리표에 이름을 지운다. 사라진 이름이 값을 매기고 있다. 똑같은 이름과 가격표를 내미는 바람에, 다 내놓고 한바탕 껄껄 웃고 있다. 예순여섯째 날, 늦은 저녁에 해를 품에 안고.

‘시 짓는 농부’ 심천 올림.

순간의 흔들림에서 길어 올린 삶의 깊은 성찰 – 김은수 시집 『흔들리는 이유』

김은수 시인의 신작 시집 『흔들리는 이유』는 66편의 짧은 시들을 통해 삶의 순간들을 포착하고 그 안에 담긴 깊은 철학적 의미를 탐색하는 '디카 의미시집意味詩集'이다.

경북 의성 출신으로 오랜 시간 대구·경북 지역 문단에 뿌리내리며 활동해 온 시인은 이번 시집에서 자연과 일상, 그리고 역사적 공간 속에서 발견한 깨달음의 편린들을 섬광처럼 빛나는 언어로 담아냈다.

시집은 총 4부로 구성되어 있으며, 각 부는 고유한 주제 의식 아래 유기적으로 연결된다. 시인이 직접 밝힌 '의미시'의 개념, 즉 "문자언어가 독자의 뇌로 전달되어 한 폭의 그림으로, 한 곡의 노래로" 살아나 "삶과 인생과 우주와 자연과 무형의 깨달음을 참다운 진리로 독자에게 다가가야 한다"는 선언처럼, 시집 전체를 관통하는 것은 최소한의 언어로 최대한의 사유를 이끌어내는 응축의 미학이다.

제1부 '흔들리는 이유理由'는 자연 현상을 통해 인간 내면을 비추는 거울을 제시한다.
표제작 「흔들리는 이유」는 "나뭇잎이 날리는 것이 / 바람 때문이 아니다 / 겹겹이 묻은 때 / 온몸으로 털어내고 있다"고 노래한다.

시인은 흔들림이라는 현상을 외부의 탓으로 돌리지 않고, 스스로를 정화하려는 내적 동력으로 바라본다. 이는 시집 전체를 아우르는 핵심적인 태도로, 모든 존재의 움직임을 피상적인 현상이 아닌 깊은 내실內實의 발현으로 읽어내려는 시인의 의지를 보여준다.

제2부 '생生과 사死'는 삶과 죽음, 존재와 욕망이라는 보다 근원적인 주제를 다룬다.
"삶은 무거운 것이 아니라 / 욕심이 많은 것이다"(「인욕人慾」)와 같은 시편들은 불교적 사유를 바탕으로 삶의 본질을 꿰뚫는다.
시인은 현재라는 순간이 "미래未來의 시작점始作点"(「순간瞬間」)임을 깨닫고, 길을 걷는 행위를 "보물찾기하듯 찾아가는 일"(「정심正心」)로 재정의하며 일상 속에서 구도의 자세를 잃지 않는다.

제3부 '고운孤雲 글 속으로'는 최치원의 자취가 깃든 의성 고운사孤雲寺를 배경으로 시인의 사유를 더욱 깊게 확장시킨다.
시인은 "눈과 귀로 보려 말고 / 마음의 창을 열게나"(「성언聖言」)라며 고운 선생과의 정신적 교감을 시도한다.
이 공간에서 바람과 숲, 햇살과 풍경 소리는 모두 깨달음으로 이끄는 법문法文이 된다. 이는 시인이 지역의 역사와 정신적 유산을 자신의 시 세계 안으로 얼마나 깊이 끌어안고 있는지를 잘 보여주는 대목이다.

제4부 '바위 거북'에서는 더욱 짧고 강렬한 이미지들이 펼쳐진다.
"악 / 악 / 어."(「용勇쓰다」), "숲속에서 처음 하는 말 / 니 뭐꼬!"(「니 뭐꼬!」)와 같은 시들은 언어의 군더더기를 완전히 걸어내고 가장 원초적인 감각과 질문만을 남긴다.

이는 마치 선승禪僧의 화두처럼 독자에게 강렬한 인상을 남기며 스스로 답을 찾도록 유도한다.

김은수 시인의 『흔들리는 이유』는 한 편 한 편이 잘 찍은 한 장의 사진과 같다. 그는 "하루라는 이름, 그 이름값을 묻는다"는 해설의 말처럼, 무심코 지나치는 하루와 그 안의 모든 순간들에 의미를 부여하고 그 가치를 되묻는다. 시집에 담긴 예순여섯 편의 이야기는 독자들에게 잠시 멈추어 자신의 삶을, 그리고 주변의 세계를 새로운 눈으로 바라보게 하는 조용한 힘을 지니고 있다. 빠르게 흘러가는 세상 속에서 진정한 삶의 중심을 찾고자 하는 이들에게 이 시집은 귀한 성찰의 시간을 선물할 것이다.

더피플매거진 편집장 **김장헌**

흔들리는 이유

2025년 8월 30일 초판 1쇄 찍음
2025년 9월 5일 초판 1쇄 펴냄

지 은 이_ 김은수
펴낸사람_ 김은수
디 자 인_ 이윤정

펴 낸 곳_ 도서출판 은수
등록번호_ 515-2022-00006
주   소_ 경북 의성군 의성읍 동서1길 14 2층
대표전화_ (054)832-6975
전자우편_ kes6156@hanmail.net

값 13000 원
03810